LETTRE

D'UN FRANÇAIS

A SES

COMPATRIOTES.

1827.

Messieurs, ô Français ! s'il m'était donné d'ouvrir les tombeaux de vos ancêtres, de ranimer leurs cendres, ces héros chrétiens, ces nobles et fidèles Français, qui ont répandu leur sang pour défendre leur foi, soutenir la couronne de leur roi, pourraient-ils reconnaître leurs enfans dans des hommes qui n'ont pas craint de renverser et les autels du Dieu vivant, et le trône de Saint-Louis ?

En vain les apôtres de l'Évangile, armés du glaive de la parole sainte, s'écrient-ils du haut de la chaire de vérité : « Évitez, ô chrétiens ! fuyez cet esprit de libertinage et d'incrédulité, qui, sous le masque d'une prétendue philosophie, ne tend qu'à vous enlever la religion sainte que vous professez, le prince bienfaisant qui vous gouverne.» Sourds à leurs cris, insensibles à leur plainte, vous n'écoutez que les prétendus philosophes, qui vous séduisent dans le doux espoir d'un avenir heureux. *Liberté!* crient-ils aux quatre vents de la France; mot vide de sens, mais plein d'astuce et de malice qui, comme une trompette guerrière, arme les bras des malheureux Français. Tombés il y a plus de trente ans dans le piége, vous devriez, ce me semble, reconnaître aujourd'hui que vous étiez le jouet d'une troupe de philosophes orgueilleux et ignorans ; disons mieux, d'une bande de scélérats, qui insultaient à votre aveuglement. Vous devriez comprendre que cette liberté que l'on vous vante tant, n'est qu'une licence qui entraîne nécessairement la confusion et le désordre, l'anarchie et le mépris des lois, l'anéantissement du trône, l'oubli sacrilége de la religion, et pour tout dire, en un mot, le renoncement à Dieu même. Non, messieurs, vous ne vous apercevez point que cette égalité, si préconisée, n'est qu'un cruel despotisme, qui vous rend esclaves de vos tyrans ; que ces prétendus législateurs n'ont feint dans un temps de donner le commandement à tout le monde, que pour commander seuls, et qu'ils ne tendaient qu'à réduire la nation française au joug du plus dur esclavage.

Tels sont les fruits amers que nous a fait recueillir cette impiété forcenée, qui a si bien réussi à vous persuader que les hommes étant tous libres, tous égaux, tout maître est un tyran, toute propriété une usurpation, toute religion une erreur ; et voilà ce bonheur public, cette félicité, que le philosophisme moderne vous fait attendre.

Instruisez-vous donc aujourd'hui, et puisque vous voulez être philosophes, sachez que la seule philosophie de l'évangile peut vous rendre heureux par la véritable liberté qu'elle vous enseigne. Si jusqu'ici les impies sophistes vous ont dit et vous disent encore que cette philosophie ne faisait que des malheureux et des esclaves, l'intérêt que je vous porte m'engage à vous démontrer que l'évangile seul peut rendre les hommes vraiment heureux, et voici ce bonheur que vos philosophes du dix-neuvième siècle vous laissent ignorer, et dont les ministres de Jésus-Christ peuvent seuls vous instruire.

Que je serais heureux, Messieurs, si dans cette première lettre je pouvais vous convaincre que la philosophie du jour est la source du malheur des hommes, et dans une seconde, que la philosophie de l'évangile est l'unique cause de leur bonheur.

Aimer la sagesse, pratiquer la vertu, telle était la philosophie des Stoïciens : mais ces hommes nés dans les ténèbres du paganisme étaient-ils philosophes ? Non, vous répondent nos sophistes nés chrétiens.

Je leur demanderai donc, qu'est-ce qu'un philosophe ? Regarder le vice et la vertu comme de vains noms, traiter d'erreur et d'imposture tout ce qui est religion, nier l'immortalité de l'âme, imprimer dans l'homme l'idée de son anéantissement, étouffer dans son cœur le remord occasioné par le crime, le rendre semblable aux brutes; en un mot, pécher par principes, blasphémer Dieu, et soutenir par système qu'il n'existe pas, violer par méthode les lois divines et humaines..... voilà ce qu'on appelle être dégagés de préjugés et être véritablement philosophes.

Telles sont cependant les maximes du philosophisme de nos jours....: Est-il surprenant que ces partisans aient été et soient encore le fléau de notre malheureuse patrie; que ces athées cherchent à éclipser dans le royaume de Saint-Louis, le flambeau de la foi qui nous éclaire et nous conduit depuis tant de siècles ? qu'ils aient rendu enfin (je ne crains pas de·le dire) le nom français odieux à toutes les nations par les crimes inouis, par les forfaits épouvantables qui ont couvert notre France et de deuil et d'opprobre ! Non, Messieurs, je ne m'en étonne pas, et vous ne devez pas en être surpris, vous qui pour la plupart avez gémi, sans oser vous plaindre, sous la plus affreuse des anarchies.

Convenez donc aujoud'hui que du moderne philosophisme naissent : 1° cette licence effrénée qui, sous le nom de liberté, trouble l'ordre social ; 2° cette indépendance criminelle qui, sous le nom d'égalité, sappe les fondemens de la société civile.

Liberté ! crient dans toute la France ces sophistes impies : *liberté !* Ils forment des assemblées pour consacrer leurs maximes ; ils envoient des émissaires pour les propager et les répandre dans toute l'Europe ; enfin, ils font gémir la presse par mille et une productions infâmes qui invitent la jeunesse, non - seulement de la France, mais de l'Europe entière, à marcher sous les étendarts de la liberté philosophique.

Messieurs, comment osez-vous appeler liberté, et vraie liberté, une licence effrénée qui, produisant comme vous le montre l'histoire de notre révolution ; la confusion , le désordre et l'anarchie , trouble l'ordre social.

Ouvrez l'histoire de votre nation , consultez la fin du dix-huitième siècle et les commencemens du dix - neuvième , et vous y verrez qu'à peine les partisans de la philosophie que vous professez eurent fait retentir la France de ces hurlemens horribles , *liberté de penser, liberté de parler, liberté d'écrire !...* qu'on vit s'élever une nuée d'hommes furieux, qui couraient, qui s'agitaient sous les étendarts de cette licence qui, sous le nom de liberté , mettait dans leurs mains les fortunes, l'honneur et la vie même de leurs concitoyens.

Quelle liberté que celle qui ouvre la porte aux parricides , aux fratricides , aux suicides , aux sacriléges , en un mot , à tous les crimes. O vous ! ô Français ! qui voulez une telle liberté , portez-la au milieu des bois sauvages ; c'est là que le tigre et l'ours vous apprendront par le seul instinct , une liberté moins funeste que celle que vous prêche votre philosophisme. Oui , ces bêtes féroces respectent au moins leur image dans leurs semblables , et vous êtes insensibles à tout sentiment d'humanité. En vain je m'écrie : *Ne m'opprimez pas, parce que comme vous je suis homme !* vous continuez à enfoncer le poignard dans mon sein , parce que je ne pense pas, je n'agis pas comme vous ; et j'appellerai liberté une licence effrénée, qui trempe ses mains dans mon sang ; et vous avez l'effronterie d'avancer qu'une telle liberté doit rendre la France heureuse et tranquille ? Quoi ! une liberté qui a pour base la dépravation des mœurs, la haine de tout bien , l'anéantissement de l'ordre social pourrait faire le bonheur de la société ? liberté vraiment nouvelle, qu'aucun siècle n'a jamais connue, et qu'il était réservé au nôtre de nous apprendre.

Mais, dites-vous, philosophes par excellence : *Nous voulons tous les hommes libres.* Vous voulez tous les hommes libres, et vous commencez par proposer une liberté qui n'admet ni Dieu, ni religion : qui arrêtera pour lors, je vous prie, le bras du citoyen séditieux contre l'homme pacifique, l'homme de la société ?

Nos lois, répliquez-vous. Mais, je vous demande, si à la faveur des ténèbres, à l'ombre du secret, on enfonce le glaive, à quoi servent vos lois ? vous les avez donc perdues de vue, ces lois qui caractérisaient de vertus patriotiques, les meurtres et les incendies, les rapines et les assassinats ? Si ce sont là celles que vous invoquez, il faudra, pour être conséquent, que vous appelliez patriote généreux celui qui vous dépouillera de vos biens, qui violera votre fille, qui s'emparera de votre épouse ? Cessez donc de préconiser ces lois qui ne sont que des iniquités monstrueuses, que l'orgueil a enfantées pour vous donner en spectacle à toutes les nations aux dépens des propriétés et de la vie de vos concitoyens.

Quelle iniquité que de préconiser le doux nom de liberté, précisément pour introduire la confusion et le désordre, l'irréligion et l'anarchie ? N'est-ce pas là le chemin le plus court, le moyen le plus sûr pour faire, selon la force ou la faiblesse, des tyrans ou des esclaves ? Dès-lors quelle sûreté peut-il y avoir dans l'état, quel ordre peut régner dans les villes ? de quelle paix peuvent jouir les familles ? Répondez, philosophes !... Vous gaidez le silence. Si vous étiez capables d'une noble franchise, vous me répondriez : « Nous l'avouons, c'est l'ambition, « c'est l'orgueil, c'est l'esprit de domination et de ty- « rannie, qui nous suggèrent ce genre de liberté qui au- « trefois séduisit si bien un peuple grossier et toujours « ignorant ; si nous voulons la France libre, ce n'est que « pour devenir les tyrans de la France, sous ce fantôme « de liberté qui en a si bien imposé aux simples et aux « sots, la secte philosophique dominera, commandera à « la France entière. »

Peuples malheureux, qui avez si long-temps gémi sous la tyrannie de vos législateurs révolutionaires, dites-nous si vous ne les reconnaissez pas à ces traits ! Nous serons tous libres, vous ont-ils dit par leurs proclamations em- phatiques. Mais leur philosophie, c'est-à-dire leur im- piété, vous fit bientôt connaître que votre liberté n'était qu'un vain nom. Oui, Français, vous fûtes déclarés libres par une assemblée d'impies, disons-le sans détour, par une multitude de monstres d'iniquités : *à conventu ma- lignantium, à multitudine operantium iniquitatem.*

Mais à l'ombre de cette liberté, cette assemblée voulut aussitôt que tous les ordres de l'état fussent confondus, que vos substances fussent usurpées, vos propriétés vio- lées ou anéanties ; mais à l'ombre de ce vain nom de li- berté, vos philosophes modernes veulent commander jusqu'à vos opinions religieuses. « Aller aux pieds des « autels, invoquer publiquement le Dieu tout-puissant, « qui est aussi attentif à vous conserver qu'il a montré « de la puissance en vous créant, c'est un crime pour « vous ; observer la religion catholique, la religion de vos

« pères, c'est une hypocrisie qu'il faut dévoiler sur les
« théâtres en faisant jouer le Tartuffe ; regarder dans le
« prince qui vous sert de père le représentant de Dieu
« même, c'est le plus grand de tous les forfaits. » Vous
le savez, la liberté fut décrétée, et les Français furent
esclaves.

Et sans doute, répondent les philosophes qui cherchent à la proclamer, c'est bien ainsi que nous l'enten-
dons. Vous serez libres, mais si vous avez la hardiesse de
prononcer une seule parole qui s'oppose à nos caprices,
vous la payerez de votre sang ; vous serez libres ; mais
à la seule censure de nos décrets fulminans se présente-
ront à vos yeux les poignards et la mort ; vous serez libres de nous, mais en effet esclaves de notre tyrannie.
Ero domina.

C'est donc là cette liberté depuis si long-temps attendue,
et le Français est assez stupide pour se laisser séduire par
le monstre philosophique. O Français ! ô Chrétiens ! vous
qui avez été en proie à toutes les rigueurs du plus dur esclavage, à toutes les rigueurs de la plus désolante des anarchies, quel souverain, quel despote vous traita jamais
avec tant de barbarie ? Et les sophistes, en vous préci-
pitant dans l'abîme de tant de maux, osaient nommer
tyran un roi qui était votre père ! Ah ! si vous avez été
les victimes de cette licence, qui, sous le nom de liberté,
trouble l'ordre social, ce n'est que par votre irréligion,
votre libertinage ; vous avez voulu cette indépendance,
cette indépendance criminelle, qui, sous le nom d'égalité,
sapait les fondemens de la société civile. Convenez donc
avec moi, Messieurs, que la philosophie moderne vous

trompant, vous séduisant, peut vous précipiter d'abîme en abîme, ajouter à des maux soufferts, des maux mille fois plus grands encore.

Vous parlez encore d'égalité ; mais quelle est cette égalité chimérique que je ne trouve ni dans le ciel, ni sur la terre ? Si je porte des regards vers le ciel, je vois que les Saints ne jouissent pas également de cette gloire qui les environne : c'est à proportion de leurs mérites que chacun d'eux jouit du bonheur qui les environnera. Ainsi, les étoiles, au dire du grand Apôtre, n'ont pas entre elles la même clarté. Si, au contraire, je jette mes yeux sur ce vaste univers, je m'aperçois que la nature même paraît ennemie de l'égalité, inégale et variée dans ses productions : c'est l'inégalité et la variété de la nature qui nous réjouit et nous enchante.

Cette égalité qu'on ne saurait trouver ni dans le ciel, ni sur la terre, vos philosophes ont voulu l'introduire dans la société ; et quel aveuglement dans les Français pour se laisser séduire par une telle chimère ! C'est là cependant ce qui se répandit dans toute la France, jusqu'à soulever la nation entière, jusqu'à fixer l'époque de la prétendue égalité, tant il est vrai que le plus grand ennemi de l'homme est cet amour-propre, ce libre arbitre qui le séduit et qui le perd par l'ambition d'une indépendance criminelle.

Car enfin, quel autre nom donner à une égalité qu'on propose, sans en établir la nature ni les caractères ? Dites-moi donc, sophistes modernes, partisans de cet exécrable philosophisme, dites-moi quel est ce genre d'égalité que vous voudriez établir ? Peut-être est-ce l'égalité des biens ? Mais depuis quand est-il permis de dépouiller un citoyen d'une partie de ses biens pour la donner à un autre ? La sûreté des propriétés ne fut-elle pas toujours la base de l'union sociale, et ne regarda-t-on pas de tous les temps comme un acte d'injustice la seule inquisition de l'origne des titres légitimes des possessions civiles ? Pourquoi donc vouloir m'enlever un bien que j'aurais acquis au prix de mes sueurs, pour en faire part à un libertin, à un fénéant, la honte et le scandale de la société ?

Mais je veux que tous soient également riches, également puissans ; cette égalité de biens et de domaines pourra-t-elle durer long-temps ? Non, sans doute, et vous ne l'ignorez pas, injustes séducteurs ! Quoi donc, faudrait-il toujours être armé pour empêcher que l'un soit plus riche que l'autre ? Et si, par son activité et ses talens, l'homme dépouillé une fois devient encore plus riche qu'il ne l'était avant qu'on lui enlevât sa fortune, faudra-t-il de nouveau recourir aux armes pour lui enlever le fruit de son travail, et le réduire à une juste égalité ?

Dites-nous donc, non pas au nom de Dieu, à qui vous ne croyez pas, mais au nom de l'honnêteté, si vous en êtes capables, loueriez-vous ce marchand qui tremperait sa main dans le sang de celui qui réussirait mieux dans son commerce ? et si vous êtes assez barbares pour applaudir cet assassin, que dois-je penser de cette égalité que vous dites si utile au bonheur de la France ? ne reconnaissez-vous pas à ces traits cette indépendance criminelle qui a jonché notre sol de victimes, parmi lesquelles vous comptez peut-être les auteurs de vos jours ? Je la reconnais dans cette égalité d'honneur que vous voulez encore admettre. Quelle société que celle où le scélérat et l'honnête homme sont également honorés ! Dès-lors qu'est-ce que l'honneur ? Sauriez-vous me le dire, Messieurs et sages philosophes ?.

Ah ! si l'honneur n'est qu'une chimère, qui voudra désormais se distinguer par l'héroïsme des vertus ! qui voudra illustrer la patrie par l'éclat de belles actions ! Où est la récompense du mérite, si le guerrier valeureux et le bon citoyen sont mis en parallèle avec le crapuleux et le lâche, qui auront passé leur vie dans les plaisirs et la débauche ?

Ce n'est pas tout encore ; pour mieux réussir à briser les liens de la société, vos philosophes tâchent de vous persuader, et vous l'ont fait croire dans le temps, que le peuple étant souverain, quiconque veut le commander est un usurpateur et un tyran. Sophistes orgueilleux, quel génie pervers vous réservait à la ruine de notre France, à l'opprobre de notre siècle ? Fléaux du genre humain, vous voulez placer vos bouches dans le ciel, et vos langues ne parlent que de la terre ! Semblables à un homme qui a perdu la raison par l'excès de son ivresse, vous tournez et vacillez jusqu'à ce qu'enfin vous ayez trouvé le secret de détruire l'humanité.

Dites-nous quels fruits on peut attendre de cette égalité de pouvoir que vous avez proclamée et que vous proclamez de nouveau avec tant d'emphase? Si tous gouvernent, qui voudra désormais obéir? et si tous sont souverains, qui deviendra sujet? Dès-lors la paix et l'union ne pourront régner dans la société.

Sans doute, répliquez-vous.... sans doute ! Eh bien ! voyons les effets que produisit dans notre royaume cette égalité philosophique que l'on reçut avec tant d'empressement :

_ A peine les simples et les sots, plus encore les méchans, eurent-il accouru à la lueur de cette lumière, qu'ils se crurent indépendans, parce qu'ils se crurent tous égaux ; de là, plus de ressource pour la faiblesse, plus d'interprète pour la vérité, plus de protecteur pour l'innocence. Les lois équitables furent soumises au silence, les tribunaux, excepté les révolutionnaires, à l'inaction, et la justice ne pouvait plus servir à ceux qui la réclamaient. La France fut inondée du sang de ses citoyens, son sol jonché de cadavres ; il n'y eut plus de sûreté pour l'homme de bien ; il devint l'esclave de l'impie, et l'impie celui de ses forfaits et de ses crimes ; et les impies se détruisirent les uns les autres ; ce qui ne m'étonne pas, car pourraient-ils être tranquilles ? Non, Messieurs ; ils se heurteront toujours jusqu'à ce qu'ils soient inégaux, ou plutôt jusqu'à ce qu'une cabale d'imposteurs les réduise à une parfaite égalité, c'est-à-dire, à un veritable esclavage.

Dites-moi si je me trompe, vous philosophes qui séduisîtes le Français par une fausse égalité, tandis qu'il avait la véritable dans la justice de son roi, et mieux encore dans la religion de ses pères. Votre philosophisme a bien pu surprendre la multitude ; mais à votre honte, à votre infamie, il ne put faire tomber les fidèles Pères de Jésus, objets de vos sarcasmes ; et sans ces décrets sanguinaires qui leur fermèrent la bouche pour ouvrir celles de quelques apostats, eussent-ils fait retentir les chaires chrétiennes de ces frappantes vérités.

« Français, vous êtes tous égaux ; mais cette égalité

« n'est qu'un vain nom ; vous êtes tous souverains , mais
« cette souveraineté n'est qu'un fantôme. A l'ombre de
« ce nom d'égalité et de souveraineté fantastiques , vos
« cruels législateurs vous dépouilleront de vos biens, vous
« accableront de dettes immenses, vous couvriront d'igno-
« minie. Ce n'est pas tout : vous faisant répandre le sang
« pour une liberté , pour une égalité chimériques, ils
« jouiront du fruit de votre aveuglement ; et comment
« n'en riraient-ils pas ? Ils ont trouvé le secret de détruire
« les tyrans d'un peuple assez imbécille , qui , sous les
« grands mots de liberté , d'égalité, a , non seulement
« troublé l'ordre social ; mais en a sapé les fondemens
« par une indépendance criminelle. »

Eh quoi ! vous diront les philosophes : ces nobles , ces
puissans, ces riches, pour se joindre à la multitude , ont
renoncé à la noblesse de leur origine , aux titres, aux
plus grands priviléges ! Tous ces bons patriotes ont-ils été
des imbécilles lorsqu'ils se sont rangés sous les étendards
de la liberté et de l'égalité ?

Non, leur répondrai-je , ils ont été des fourbes : plu-
sieurs, il est vrai, dans la crainte d'être opprimés , préfé-
rèrent devenir oppresseurs ; mais combien d'autres, semblables au serpent qui , se raccourcissant, s'élance avec
plus d'ardeur et de force ! combien d'autres qui . se pliant
à cette liberté, à cette égalité chimériques, n'ont cherché
à la faveur du peuple qu'à dominer avec plus d'orgueil !
N'est-ce pas là le caractère de l'homme perfide, de l'homme
sans religion ? Oui , Messieurs, c'est le défaut de religion
qui a fait tomber dans les filets du moderne philosophisme
l'homme de génie, ainsi que l'ignorant , le riche comme

le pauvre ; c'est le manque de religion qui a précipité la France dans l'abime affreux où elle fut plongée. Je vais vous en convaincre :

Depuis long-temps la secte philosophique cherchait à triompher, un obstacle insurmontable se présentait à ses desseins sacriléges , la religion catholique , apostolique et romaine. Une religion qui ordonne d'obéir aux princes comme à Dieu même, qui les a établis ses représentans sur la terre; une religion de ce caractère était nécessairement opposée au projet des philosophes : aussi , ne cessèrent-ils de lancer mille traits empoisonnés contre cette religion sainte. Et, Messieurs , n'est-ce pas la conduite qu'ils tiennent encore aujourd'hui ? Ils ont trouvé le moyen d'ouvrir des souscriptions pour publier , dans l'année , des milliers de brochures que l'on distribue *gratis* , et qui , quoique sous des titres différens , tendent toutes au même but, je veux dire à la destruction des autels et de la royauté , à la rupture des liens qui attachent les Français à leur devoir, et à faire disparaître à jamais et la thiare du pontife et la couronne des rois. Nous avons vu ces philosophes , sous le beau nom de liberté et d'égalité , susciter les plus cruelles persécutions contre l'église , refuser au vicaire de Jésus-Christ ce pouvoir universel qu'il a reçu de Dieu même; les pasteurs furent chassés de leurs siéges , et les ordres religieux , regardés comme un objet de mépris , furent d'un seul trait anéantis pour toujours... Ces ordres religieux auxquels l'Europe doit le rétablissement de la science et des arts , parmi lesquels l'église compte ses plus grands docteurs, les Augustin et les Grégoire, les Bernard et les Anselme, les Thomas-d'Aquin

et les Bonaventure ; ces ordres religieux qui ont enfanté
des apôtres , tels que les Ignace et les François-Xavier ,
dont les enfans ont porté dans l'une et dans l'autre hémis-
phère le flambeau de la foi , qui , dans ces temps de ré-
bellion , donnèrent les premiers martyrs à la religion ;
ces ordres religieux qui , de tous les temps , ont si bien
mérité de l'église et de l'état , sont en haine encore aujourd'hui à tous vos philosophes : leur destruction est re-
gardée comme un acte de justice qu'ils attendent depuis
long-temps ; mais il leur tarde bien plus encore d'enlever
à l'église le patrimoine des pauvres , aux bons catholiques
leur religion et leur foi ; et pour en venir là , ils publient
que l'église est trop riche , que Dieu ne demande que le
cœur, et que les frais du culte public sont des frais perdus;
veuillez me dispenser du reste.

Voilà les fruits et les résultats de la liberté et de l'égalité philosophiques. Je pense que si vous recevez cet lettre,
exempts de préjugés , vous l'accueillerez favorablement.

Je suis,

A. C.

Cette lettre a pour but de répondre à toutes les brochures libérales, non moins qu'aux propos inconsidérés
de nos jeunes philosophes du 19ᵉ siècle.

DE L'IMPRIMERIE DE C. THUAU,
RUE DU CLOÎTRE SAINT-BENOÎT , Nᵒ 4.

www.ingramcontent.com/pod-product-compliance
Lightning Source LLC
Chambersburg PA
CBHW061903080726
47597CB00010BA/4372